伟大的戏曲家
关汉卿与元杂剧

◎ 主编 金开诚

◎ 编著 孙颖瑞

吉林出版集团有限责任公司

吉林文史出版社

图书在版编目（CIP）数据

伟大的戏曲家关汉卿与元杂剧 / 孙颖瑞编著 . —长春：吉林出版集团有限责任公司：吉林文史出版社，2010.11（2022.1 重印）

ISBN 978-7-5463-4094-4

Ⅰ . ①伟… Ⅱ . ①孙… Ⅲ . ①关汉卿（约 1210 ~ 1300）- 传记②杂剧 - 文学研究 - 中国 - 元代 Ⅳ . ① K825.6 ② I207.37

中国版本图书馆 CIP 数据核字（2010）第 222245 号

伟大的戏曲家关汉卿与元杂剧

WEIDA DE XIQUJIA GUANHANQING YU YUANZAJU

主编/ 金开诚　编著/孙颖瑞

项目负责/崔博华　责任编辑/崔博华　王文亮

责任校对/王文亮　装帧设计/马锦天

出版发行/吉林文史出版社　吉林出版集团有限责任公司

地址/长春市人民大街4646号　邮编/130021

电话/0431-86037503　传真/0431-86037589

印刷/三河市金兆印刷装订有限公司

版次/2010 年 11 月第 1 版　2022 年 1 月第 7 次印刷

开本/650mm×960mm　1/16

印张/9　字数/30千

书号/ISBN 978-7-5463-4094-4

定价/34.80元

前　言

　　文化是一种社会现象，是人类物质文明和精神文明有机融合的产物；同时又是一种历史现象，是社会的历史沉积。当今世界，随着经济全球化进程的加快，人们也越来越重视本民族的文化。我们只有加强对本民族文化的继承和创新，才能更好地弘扬民族精神，增强民族凝聚力。历史经验告诉我们，任何一个民族要想屹立于世界民族之林，必须具有自尊、自信、自强的民族意识。文化是维系一个民族生存和发展的强大动力。一个民族的存在依赖文化，文化的解体就是一个民族的消亡。

　　随着我国综合国力的日益强大，广大民众对重塑民族自尊心和自豪感的愿望日益迫切。作为民族大家庭中的一员，将源远流长、博大精深的中国文化继承并传播给广大群众，特别是青年一代，是我们出版人义不容辞的责任。

　　本套丛书是由吉林文史出版社和吉林出版集团有限责任公司组织国内知名专家学者编写的一套旨在传播中华五千年优秀传统文化，提高全民文化修养的大型知识读本。该书在深入挖掘和整理中华优秀传统文化成果的同时，结合社会发展，注入了时代精神。书中优美生动的文字、简明通俗的语言、图文并茂的形式，把中国文化中的物态文化、制度文化、行为文化、精神文化等知识要点全面展示给读者。点点滴滴的文化知识仿佛颗颗繁星，组成了灿烂辉煌的中国文化的天穹。

　　希望本书能为弘扬中华五千年优秀传统文化、增强各民族团结、构建社会主义和谐社会尽一份绵薄之力，也坚信我们的中华民族一定能够早日实现伟大复兴！

目录

一、中国13世纪的大戏剧家

关汉卿，号已斋叟，元朝大都人，太医院尹，是中国文学史和戏剧史上最伟大的作家之一。

关汉卿的剧作深刻揭露了元代社会的黑暗，是元代残酷的民族压迫和阶级压迫的一面镜子。关汉卿一生共写作了67部杂剧，现留存于世的仅有18部。按题材内容，大致可分为三类：社会剧、爱情剧和历史剧。关汉卿娴熟地运用元代杂剧

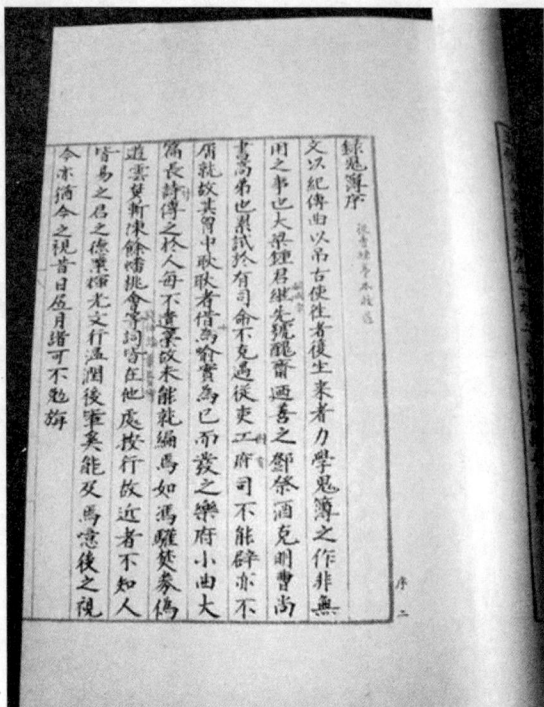

的形式，在塑造人物形象、处理戏剧冲突、运用戏曲语言诸多方面均有杰出的成就。关汉卿是位伟大的戏曲家，被后人尊为"元曲四大家"之首。关汉卿的戏剧创作在中国戏剧史和文学史上占有重要的地位。

13—14世纪是中国元朝统治时期，戏剧家关汉卿就生活在这一时期。由于记载关汉卿的生平资料匮乏，只能从零星的记载中窥见其大略。据元代后期戏曲家钟嗣成《录鬼簿》中记载：关汉卿，大都人，太医院尹，号已斋叟。因此，关汉卿很可能是元代太医院的一个医生。也有人说他是祁州（在今河北）或解州（在今山西）人。

　　关汉卿长期居住在都城大都里，曾在皇家医院任职，但是他对医术并不感兴趣，对编写剧本却十分热衷。他机智幽默、风流倜傥、博学多才、擅长吟诗，他还喜欢吹箫、弹琴、舞蹈、下棋、打猎等各种技艺。关汉卿是一位熟悉勾栏伎艺的戏曲家，后人说他"生而倜傥、博学能文、滑稽多智、蕴藉风流，为一时之冠"。

　　当时，元朝政治黑暗腐败，社会动荡不安，阶级矛盾和民族矛盾十分突出，冤案多得数也数不清，百姓的生活困苦不堪。关汉卿非常同情生活在社会底层的老百姓，他经常深入社会底层，了解人民疾苦。关汉卿体恤百姓，熟悉民间语言，同时

他又具有较高的艺术修养，这都为他的创作注入了活力。那时，元朝正流行一种戏剧，叫"杂剧"，杂剧在内容上丰富了民间说唱故事，而且广泛反映了社会现实，达官贵人和普通百姓都很爱看杂剧。关汉卿借助元杂剧这种艺术形式来揭露现实的黑暗，寄托自己的社会理想。他编写的杂剧不是为了给贵族消闲作乐，而是为了诉说百姓的疾苦。

关汉卿的剧作深刻揭露了元代社会的黑暗，是元代残酷的民族压迫和阶级压迫的一面镜子。关汉卿的代表作《窦娥冤》写一个弱小无靠的寡妇窦娥，在贪官桃杌的迫害下，被诬为"药死公公"，斩首示众。窦娥的冤案具有典型意义，作家以"人命关天关地"的高度和社会责任感，提出了封建社会里"官吏无心正法，使百姓有口难言"这个带有普遍意义的问题，强烈地控诉了封建制度与民为敌、残民以逞的罪恶。"有日月朝暮悬，有鬼神掌着生死权。天地也，只合把清浊分辨，可怎生糊突了盗跖、颜渊？为善的受贫穷更命短，造恶的享富贵又寿延，天地也！做得个怕硬欺软，却原来也这般顺水推船。地也，你不分好歹何为地？天也，你错勘贤愚枉做天！哎，只落得两泪涟涟。"第三折《滚绣球》一曲，通过窦娥血泪的控诉，引起人们对封建社会的现实秩序与传统观念的怀疑，将窦娥悲剧的意义升华到一个新的高度。

在《鲁斋郎》中，作家写鲁斋郎在光天化日之下先后强占银匠李四和中

级官吏张珪的妻子，而清官包拯却必须瞒过皇帝，把"鲁斋郎"的名字改成"鱼齐即"才能斩首。在《望江亭》中，杨衙内凭借皇帝赐予的势剑金牌便可以为所欲为，到潭州杀人夺妻。这些剧作批判的矛头，有意无意地指向最高的封建统治者。在《蝴蝶梦》中，倚仗皇亲的葛彪以农民王老汉冲撞他的马头为借口，三拳两脚将他打死后便如无事人一般扬长而去。而王老汉的儿子因替为父报仇，打死葛彪仍须偿命。作家通过这一不合理的官司，提出了"使不着国戚皇亲，玉叶金枝；便是他龙孙帝子，打杀人要吃官司"这样闪烁着民主主义光辉的思想。在《救风尘》《金线池》《谢天香》中，关汉卿描写妓女的不幸遭

遇，为这些被侮辱与被损害的下层妇女喊出了要求自由、要求平等的心声："我看了些觅前程俏女娘，见了些铁心肠男子辈，便一生里孤眠，我也直甚颓""你道是金笼内鹦哥能念诗，这便是咱家的好比拟，原来越聪明越不得出笼时"。在《诈妮子》中，贵族小千户用花言巧语诱惑了婢女燕燕，转眼就爱上别人，使燕燕的身心承受极大的痛苦。在《拜月亭》中，

尚书王镇反对女儿无媒自聘，逼女儿撇下了重病卧床的丈夫，硬把她从客店里拉回去。关汉卿杂剧中的这些描写，深刻反映了封建社会官民之间、男女之间、主婢之间、父女之间种种不合理的现象，批判了"三纲五常"的封建伦理道德。

关汉卿创作的剧作，

不仅深刻反映了社会现实，而且还弥漫着昂扬的战斗精神。关汉卿在世时就是戏曲界的领袖人物，他的杂剧不仅在当时鼓舞了劳动人民反抗压迫的斗争，而且对后来的戏剧创作有着巨大的影响。

关汉卿一生共写作了67部杂剧，现留存于世的仅有18部。关汉卿非常善于塑造典型人物形象、刻画人物深邃复杂的心理，在中国古典戏剧作家中，还没有一个人能像他一样塑造出如此众多和鲜明的人物形象。

在关汉卿的笔下，写得最为出色的是一些普通妇女形象，窦娥、妓女赵盼儿、杜蕊娘、少女王

瑞兰、寡妇谭记儿、婢女燕燕等，各具性格特色。她们大多出身卑微，蒙受封建统治阶级的种种凌辱和迫害。关汉卿描写了她们的悲惨遭遇，刻画了她们正直、善良、聪明、机智的性格，同时又赞美了她们强烈的反抗意识，歌颂了她们敢于向黑暗势力展开搏斗、宁死不屈的英勇行为，在那个特定的历史时代，奏出了鼓舞人民斗争的主旋律。关汉卿剧作中的妇女形象，在整个中国文学史上都是极为突出的。

关剧还深刻揭露了一小撮骑在人民头上的封建统治者横行霸道、贪赃枉法的丑恶行径，为我们展现了一幅封建统治阶级的"百丑图"。这其中有权豪势要、皇亲国戚、贪官污吏、土豪劣绅、衙内公子、鸨母嫖客、流氓地痞……由这些人织成一张元代社会的大黑网，正在捕掠着一个个弱小无辜的生命。像权倾朝野、"嫌官小不为，嫌马瘦不骑，动不动挑人眼、剔人骨、剥人皮'的鲁斋郎'"；"我是个权豪势要之家，打死人不偿命"、"只当房檐上揭片瓦相似"的恶霸葛彪；草菅人命的贪官桃杌和心狠手毒的张驴儿；"花花太岁为第一，浪子丧门世无对"、倚仗"势剑金牌"为非作歹的杨衙内；玩弄女性的官僚子弟周舍；逼女为娼的老虔婆李氏……，这些骑在人民头上为所欲为的人，正是元代社会各种黑暗势力的代表人物。关汉卿揭露这些人本性的恶毒和本质的虚弱，在文学史

上也是空前的，表现了一个人民戏剧家鲜明的爱憎与战斗的本色。

关汉卿还在历史剧中塑造了各种英雄人物形象，像《单刀会》《单鞭夺槊》《哭存孝》《西蜀梦》等，这类戏以赞颂英雄业绩为主，展开正义和非正义的冲突。如在《单刀会》中，作者歌颂了忠心耿耿维护汉家事业的关羽；《西蜀梦》通过关、张的阴魂托梦刘备，要求他起兵报仇，突出了关、张虽死犹生的气概；《单鞭夺槊》塑造了著名的草莽英雄尉迟敬德的形象；在《哭存孝》中，谴责李克用在取得军事胜利后诬杀功臣良将的行为。在这些历史剧中，关汉卿赞美正义，歌颂英雄的业绩，表现了一个正直戏剧家的爱憎，这和他在其他剧作里所

体现的精神是一致的。

关剧是中国古典戏曲艺术的一个高峰。关汉卿娴熟地运用元代杂剧的形式，在塑造人物形象、处理戏剧冲突、运用戏曲语言诸方面均有杰出的成就。

关汉卿的剧作把塑造正面主人公放在首要的地位。《窦娥冤》自始至终把戏集中在窦娥身上，先写她悲惨的身世，继而展开她和流氓地痞的冲突，再集中写贪官污吏对她的压迫，最后写她的复仇抗争。《单刀会》中烘托关羽的英雄气概，即便关羽未上场也产生了先声夺人的强烈效果。在中国文学史

上，还没有一个戏曲家像关汉卿那样塑造出如此众多而又鲜明的艺术形象。像妓女赵盼儿、宋引章、杜蕊娘、谢天香等各具不同的个性。同在鲁斋郎的压迫下，都有着妻子被掠占的不幸遭遇，但中级官吏张珪和工匠李四对事件的态度就截然不同。在《窦娥冤》《望江亭》《拜月亭》《西蜀梦》《诈妮子》等剧里，出色的心理描写打开了作品人物内心世界的窗扉，成为塑造主要人物形象不可缺少的艺术手段。

在处理戏剧冲突方面，关汉卿善于提炼激动人心的戏剧情节。这里有善良无辜的寡妇被屈斩而天地变色的奇迹（《窦娥冤》）；有单枪匹马慑伏敌人的英雄业绩（《单刀会》《单鞭夺槊》）；有忍痛送妻子去让权豪霸占的丈夫（《鲁斋郎》）；有让亲生儿子偿命而保存前妻儿子的母亲（《蝴蝶梦》）；有被所爱的人抛弃而被迫为他去说亲的婢女（《诈妮子》）。这些情节看来既富有传奇色彩，又都是扎根在深厚的现实土壤里的。关剧紧凑集中、不枝不蔓，省略次要情节以突出主要事件。《窦娥冤》在这方面最为突出，它除用楔子作序幕，交代窦娥身世外，接下的四折戏都帷幕启处见冲突。至于窦娥的结婚、丈夫的病死等事件均一笔带过，甚至连窦娥丈夫的名字作者都吝于交代。关剧善于处理戏剧冲突还表现在它的过场戏简洁，戏剧场面随步换形，富于变化。这在《望江亭》《拜月亭》《单鞭夺槊》

《哭存孝》诸剧尤为突出，如《哭存孝》剧中，刘夫人到李克用处为李存孝说情，眼看李存孝就要得救了，突然刘夫人出去看打围落马的亲子，李存信乘机进谗，存孝随即被车裂。这样处理戏剧场面，摇曳多姿，变化莫测，出乎观众意想之外，又在情理之中，效果十分强烈。

关汉卿的语言风格是汲取大量民间生动的语言，熔铸精美的古典诗词，创造出一种生动流畅、本色当行。关汉卿的元曲被称为本色派，关剧的本色语言风格首先表现在人物语言的性格化上，曲白酷肖人物声口，符合人物身份。如窦娥的朴素无华，赵盼儿的利落老辣，宋引章的

天真淳朴，谢天香的温柔软弱，杜蕊娘的泼辣干练，皆惟妙惟肖，宛如口出。语言切合人物的身份性格，这是关剧艺术描写上的一大特色。关剧本色的语言风格还表现在作者不务新巧，不事雕琢藻绘，创造了一种富有特色的通俗、流畅、生动的语言风格。像《窦娥冤》中这段普通的说白："（正旦云）婆婆，那张驴儿把毒药放在羊肚儿汤里，实指望药死了你，要霸占我为妻，不想婆婆让与他老子吃，倒把他老子药死了。"这样朴素无华的说白，多么像窦娥这个封建社会里小媳妇的声音，从中我们几乎看不到任何加工的痕迹，就像生活本身那样自然、贴切、生动，正是这些再平凡不过的话语，鲜血淋漓地揭示了这个

从小就给人做童养媳的小媳妇屈辱的地位与悲惨的命运。关剧在词曲念白的安排上也恰到好处，不愧是当时戏曲家中一位"总编修师首"的人物。

作为世界文化名人，关汉卿是中国的骄傲，按照《祁州旧志》可以断定关汉卿是"祁之伍仁村"（今河北省安国县内）人。这里面还有一段轶事：

《祁州旧志》说，伍仁村里有座庙，庙旁有座高房基，那就是关汉卿的老屋。想当年，尽管汉卿高才博学，但一生坎坷，没有谋得一官半职，他就把不满都用笔写了出来。相传，他最后写的一个剧本是《西厢记》，可惜还没写完就过世了。因此，人们在晚上经过关坟，总能听见关汉卿哀哀不止的哭声。有一天，一位名

叫董君章的状元特意去吊唁关汉卿，也
听到了哭声，十分吃惊。后来他发现了关
汉卿的《西厢记》遗稿十六出，就对着关
坟说"已斋叟，我知道了您痛苦的原因，
您是在记挂着这本尚未写完的《西厢》。
您老就请放心吧，我一定试着为您续完
它！"董状元带走了遗稿，关坟中的哭声
也就停止了。董状元续写好《西厢记》
后，使得此剧风行天下。

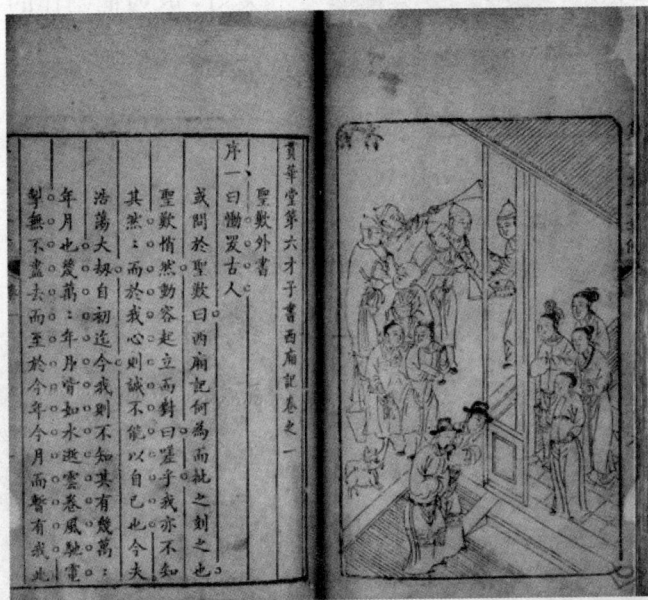

关汉卿是个多才多艺的人，他自己说一生中万事"不曾落人后"，终身具有一种进取、顽强的精神。他百般珍惜人生美好的时光，立誓说"恰不道人到中年万事休，我怎肯虚度了春秋！"因此，他"会围棋、会蹴鞠、会打围、会插科、会歌舞、会吹弹、会咽作、会吟诗"。当时流行的一切文艺体育项目，他样样精通。这种广泛的兴趣和爱好，成为他创作的生活基础。

一位天才决然不会是孤立无援的，在他身边必然有一大批哺育天才、辅助天才的人。以关汉卿为核心的"玉京书会"，便是一个负有盛名的书会。其中容纳和吸引了一大

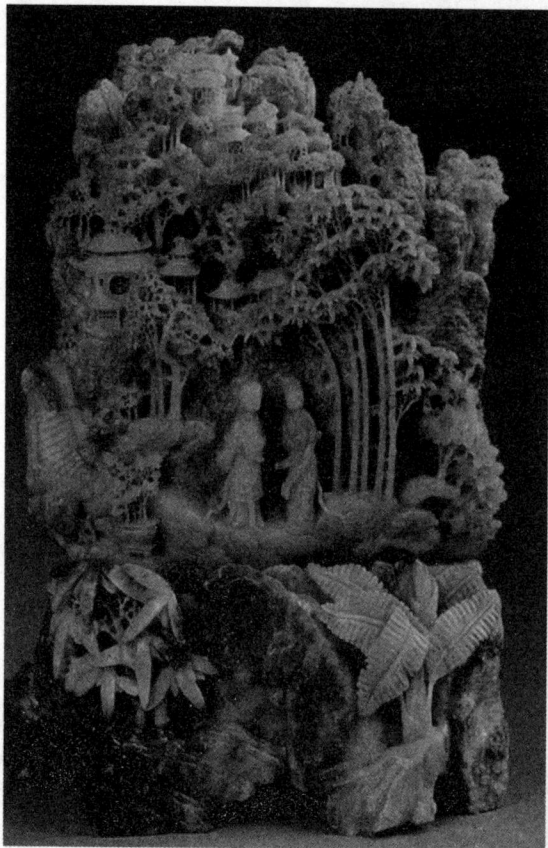

批热爱戏剧创作
和批评的知识分
子，这些知心朋友
像众星捧月一样
环拱着关汉卿。

杨显之是关
汉卿的"莫逆之
交"。所以关汉卿
只要是写了东西，都要请杨显之一起来推
敲字句、斟酌文情。杨显之提的意见往
往又相当中肯，往往稍微增删一些字句，
调整一下结构，便会使剧本增色不少。所
以关汉卿称这位"寰宇知名"的朋友为修
补剧本的"杨补丁"。

梁退之是关汉卿的是一位世交好
友。此人虽做官做到知州，谈起文章来只
崇尚韩愈、柳宗元的风格，提起诗歌来就
把李白、杜甫崇拜得五体投地，写起词来
连苏轼等人都不放在眼里，但却特别喜
欢关汉卿的剧本。高兴起来，他和关汉卿

饮酒宰羊，拥翠听戏，无所不至，恨不得连肥马轻裘都不分你我。

关汉卿是位伟大的戏曲家，后人将他列为"元曲四大家"之首。关汉卿的戏剧创作在中国戏剧史和文学史上占有重要的地位，被称为"元杂剧的鼻祖"；关汉卿在世界文学艺术史上也享有盛誉，被称为"东方的莎士比亚"。1958年，曾作为世界文化名人，在中外展开了关汉卿创作700周年纪念活动。同年6月28日晚，国内至少有一百种不同的戏剧形式，1500个职业剧团，同时上演了关汉卿的剧本。他的剧作被译为英文、法文、德文、日文等，在世界各地广泛传播。

二、元的文化和元代文人

（一）元代的文化

元代是一个极辉煌又极混乱的时代，元代社会一个重要的、与文学发展关系最为密切的现象，是蒙古统治者对科举的轻视。在元代，儒家的独尊地位和它的思想统治力量比较前代都受到了严重的削弱，造成思想界相对松动和活跃的局面，使得大批文化人失去了优越的社

会地位和政治上的前途，从而摆脱了对政权的依附。他们作为社会的普通成员而存在，通过向社会出卖自己的智力创造出谋取生活的资料，因而既加强了个人的独立意识，又加强了同一般民众尤其是市民阶层的联系，他们的人生观念、审美情趣，由此发生了与以往所谓"士人"明显不同的变化。当蒙古王朝统治北方以后，许多文人士大夫失去了固有的地位，生活方式出现多样化，不少"名公才人"加入了市井伎艺的团体。如"玉京书会"就是元前期活跃于大都的一个写作剧本和唱本的团体，关汉卿便是其中的成员。王实甫、马致远也都可以说是专业的剧作家。正是以他们为代表的一些杰出作家，在宋金以来的杂剧、院本和诸宫调的基础上，发展出元杂剧这一成熟的戏剧形式。

元代的历史并不长，但在整个中国文学史上，元代文学却呈现出异常活跃而繁荣的面貌，它对于认识中国文学的发展趋向有重要意义。由于社会内部经济、文化诸多条件的变动，促使文学同大众传播媒介结合，戏曲、小说成为新兴的文

学样式，走在中国文学发展进程的前沿。戏曲与小说，无论在题材、内容或美学形式方面，都直接受到读者或观众（主要是市民）的制约，表现出世俗生活的众生相及其美学情趣，为中国文学增添了新的东西，体现了中国文学的原创活力。而传统的文学样式——诗、词、文，仍与知识阶层的生活与心理有密切关系，也不同程度地受到来自通俗文学的冲击和影响，呈现出某些新的特点。元代文学的这些特征对后世文学的发展产生持久的影响。

在元代文学中，首先异军突起的是

杂剧，它标志了中国戏剧的成熟。前人又把元杂剧与元散曲合称为"元曲"，与唐诗、宋词并举，各作为一代文学中最具有特色的代表。像其他民族的文学一样，中国在其文明的早期已存在构成戏剧的诸多要素——歌舞、表演及叙事形式等。

在南方地区，自南宋以来还流传着一种用南方曲调演唱的戏剧，称为"戏文"或"南戏"，其体制、声腔、乐器、风格与杂剧均有不同。元代南戏仍旧只流行于东南沿海地区，繁兴程度远不如杂剧，留存的作品也很少。其中较重要的有《荆钗记》《白兔记》《拜月亭》《杀狗记》，这些作品的作者大多很难确定，题材主要依据长期流传民间的故事。其伦理意识及生活情趣更具世俗性。至元代末年，高明写的《琵琶记》，通过赵五娘、蔡伯喈的家庭悲剧，比较深入

地反映了封建时代的某些伦理问题和社会问题。由于文人的参与，南戏的创作水平同样得到了大幅度的提升，并预示着它将进一步兴起。

元代另一种饶有新鲜意味的文学类型是散曲。它和杂剧中的唱词使用同样的格律形式，具有相近的语言风格，是"元曲"的一部分。作为一种新的抒情诗体，它既承继了传统诗词的某些元素，又鲜明地体现出元代文学的新精神。从内容上看，散曲比传统诗词大大开拓了表现范围。多半由元代特殊的文学氛围所决定，作者的视野延伸到富于活力、多姿多彩的市井生活。思想性的历史进步意

义集中体现在描写爱情的题材上。像曾瑞的《黄钟醉花阴·怀离》套数写了一个女子对昔日罗曼史的回忆，迸出这样的句子："待私奔至死心无憾。"与以前的诗词比较，令人有石破天惊之感。同样，当我们读到名伶珠帘秀《正宫醉西施·无题》套数："便是牡丹花下死，做鬼也风流。"可见元代社会思想确实出现某种变革，使妇女的心灵得到自由的呼吸，尽管这种变革仅限于一定的地区和阶层。在众多的咏及妓女的作品中，作家不仅反映了她们的痛苦和对真正爱情的憧憬，还对她们在情场中种种情感的弱点表示同情。这些作品所体现的对于人性开放的宽厚态度，是以市井社会的生活形态与生活观念作为其基础的。

诗歌,在元代并没有失去其"正宗"地位,它仍然是广大知识阶层表达思想情感、人生追求、审美趣味的主要文学形式。特别在表现重大的人生思考、深刻的精神活动方面,诗歌具有其他文学形式所不能替代的地位。元诗的作家与作品都很客观,它不仅反映了百年间动荡、复杂的社会状况,反映了不同时期中知识阶层的精神面貌,而且对认识中国诗歌的发展趋势及其与新兴文学样式之间的关系,都有特殊的价值。

对于元代以后的文学,过去评论者很强调"雅文学"与"俗文学"的区别,这当然是很有必要的。但同时必须注意到这两者之间,并不存在截然分裂的现象。

正如我们前面指出的，所谓"俗文学"的兴盛与发展，离不开文人士大夫的参与；所谓"雅文学"，也深受社会变化、市俗意识的影响。

（二）元代文人

元代社会由于蒙古统治者的民族歧视政策和对科举的轻忽，使得大批文化人失去了优越的社会地位和政治上的前途，从而摆脱了对政权的依附。从一代大儒董仲舒献"天人合一"说将儒家推上独尊的宝座开始，从短命的隋炀帝不经意间创设科举制开始，读书便成了下层百姓"摇身变凤凰"的最佳途径。做

一个"清贫"的书生成了一种时尚，一种傲视他人的资本。于是，只要条件稍能允许，才俊们就会走"学而优则仕"的道路——"书中自有千钟粟，书中自有黄金屋，书中自有颜如玉"。对于习惯了安邦治国平天下、衷心于儒家之道的文人来说。历史走到元代，像被沟坎拌了一跤，改了频率。"两耳不闻窗外事，一心只读圣贤书"准备苦读报国的书生们突然发现，远在草原尚未开化野蛮的蒙古人竟然闪电般骑到了自己的头上，代替了原本要报的

"国"。他们愕然：蒙古人不像那些曾经出现在历史上的少数民族政权，依靠汉族精英巩固自己的政权，他们无视汉民族积累了千年的文化，任凭自己的铁骑风卷残云般扫过闪着光的精美瓷器一样的

各种文明。

　　稳定下来后，元朝统治者迅速将全国各族百姓划成四个等级，高高在上的自然是蒙古人，但第二等竟然是弱小而且落后，不过是早早依附蒙古的色目人，最后一等才是原南宋统治下标准的汉族人。当他们正稳下心神，想待价而沽时，想在胡人的朝堂上展示文明力量的文人们被眼前的场景惊呆了，在彪悍的马上抢着弯刀取得天下的蒙古人强硬的做法，让他们甚至怀疑自己的眼睛。这仅仅是开始，接着运转了几百年的科举考试突然被停止，社会上流传起了这样的行业排名：一官、二吏、三僧、四道、五医、六工、七猎、八尼、九儒、十丐。

这些本来要成为宰相，成为尚书，成为国家砥柱的读书人，在"学而优则仕"这个奇怪的体系被剥除后，发现自己变得一无是处，沦落为乞丐一样的人。他们的才华再也无法用到济世救民上了。一个可怕的事实，书生们除了已有的满腹的诗书，几乎没有其他来源维持生计。流连于山水的高洁已成"画饼"。这群将要创造出"伟大"的不幸者只能浪迹于大邑通衢的勾栏戏院，靠填词作曲混一口饭吃。身在其中，他们终于看到了一直就生活在最底层的奴仆歌伎们的悲惨生活。如同宋代的歌台楼榭，借柳永之手开拓了宋词悲欢离合的气象一样，那血淋淋的人生终于渗入了元代文人的桀骜之心。这些落魄的书生，终于把自己的才情甚至身心完全投入进戏曲——原本是维持生计的行当之中。

这是文化的大幸，却是他们的不幸。正是如此，今天才有了朴实凝练却让我们低首慨叹的《天净沙·秋思》，才有了格式奇特又让我们忍俊不禁的《咏叹调·高祖还乡》，才有了让世人深信"天下有情人终成眷属"的《西厢记》，才有了"此恨绵绵无绝期"的《梧桐雨》，才有了感动天地的《窦娥冤》和奇异浪漫的《倩女离魂》，才有了以短短百年的创作却足以和盛唐的诗、两宋的词并肩的元曲。

他们作为社会的普通成员而存在，

通过向社会出卖自己的智力创造出谋取生活的资料，因而既加强了个人的独立意识，也加强了同一般民众尤其是市民阶层的联系，他们的人生态度、审美情趣，由此发生了与以往所谓"士人"明显不同的变化。而即使是曾经步入仕途的文人，其中不少人也存在与统治集团离异的心理，并受到整个社会环境的影响，他们的思想情趣同样发生了类似的变化。这对元代文学的发展具有关键性的作用。

短短百年里，这些文人都或多或少地捧出了自己呕心沥血、足以垄断一个时代的作品，让元曲得以与淬炼了三百年的唐诗、宋词同列。而擎着八斗的文采却只能混迹于勾栏舞榭，为生计奔波，这大概

就是一种混乱吧！元代的这些伟大的不
幸者却轻松地跨越时空，鲜明地活在他
们的作品之中，引着一批又一批的求索者
去寻找他们的意义。

三、元杂剧

（一）元杂剧的形成

元杂剧是在前代戏曲艺术即宋杂剧和金院本的基础上发展起来的一种戏剧样式。它的最初出现大致是在金末元初，其间它经历了从不完备到完备的发展过程。杂剧体制的完备、成熟并开始兴盛起来是在蒙古王朝称元以后。到了成宗元贞、大德年间，杂剧的创作和演出进入鼎

盛时期。

杂剧最初流行于北方，以大都（今北京）为中心，遍布河南、河北。受方言的影响，它有不同的声腔流派，魏良辅《南词引正》说杂剧声腔有中州调、冀州调和小冀州调。这种北方声腔的剧种，很快流行于全国。元杂剧是在金院本和说唱诸宫调的基础上，由于现实的要求、群众的爱好，大大扩大了题材和内容而发展起来的，它翻开了我国戏曲史上辉煌灿烂的一页。

（二）元杂剧兴盛的原因

在元代社会发生重大变化的情况下，文人也发生分化。特别是元初，民族矛盾和阶级矛盾十分尖锐，从文人的地位上看，元代统治者轻视文人。当时有所谓"九儒十丐"的说法，在十等级的人中，知识分子属于九等。由于废除科举考试制度近七十余年之久，堵塞了知识分子的进身之路，所以中下层文人通往的仕途之路被无形中缩小了，生活水平也随之下降。他们既不能从事生产，又无法得到富贵功名。除了少数依附元朝统治者的官僚外，这就使大多数知识分子和普通人一样，遭到各种迫害，因此，他们和人民

的关系比较密切。部分文人和民间艺人结合，组成书会，把自己的才能贡献给杂剧的创作。杂剧的兴起，为知识分子开辟了道路，他们既可以写故事，展示才华，创造艺术，也能解决自己的温饱问题。于是作家们进一步接近下层人民，积极反映广大人民的生活和斗争。一部分文人还和民间艺人结合组成书会，从事杂剧的创作。书会的组织、民间艺人和文人的合作对元杂剧的兴盛起到了促进作用。部分文人熟悉人民的生活和语言，了解社会的黑暗和政治腐败，在学习民间文艺

的过程中，提高了自己的创作才能，创作出大量优秀的剧本，推动了杂剧的繁荣发展。

从经济条件方面看，戏曲是一种群众性文学艺术活动，必须以相对繁荣的社会经济为基础，绝大多数研究者都肯定元代城镇经济的相对繁荣是元杂剧兴盛的物质基础。宋、金、元城市经济的发展为杂剧的兴盛准备了充裕的物质条件。适应统治阶级宴乐和广大市民的文化要求，南北各大城市都出现了各种伎艺集中演出的勾栏瓦肆，特别是作为都城的开封、大都、杭州等地更为繁盛。同时，在农村也常常开展戏曲活动，节日、庙会是农村的演出日，一些著名演员也经常到各地演出。这样就保持了戏

曲在发展过程中同广大人民群众的密切联系。杂剧产生和发展，主要原因是"适应新兴的市民阶层对文化生活的要求，是当时经济发展的必然产物"。

此外，元朝疆域广大、交通发达，加强了国际和国内各民族之间的沟通与交流。各民族之间的文化交流，特别是北方诸民族乐曲的传播，对杂剧的兴盛也有一定的作用。

（三）元杂剧的创作

　　元代的杂剧创作和演出十分繁盛。但由于古代对戏剧的轻视，这方面的资料既少又凌乱，很难统计出作家作品的数字。从个别资料来看，元代有姓名可考的剧作家有一百多人，剧目七百多种。现存的元杂剧的数量，有一百六十二种。元杂剧题材极为丰富，广泛涉及元代社会生活的各个方面，折射出那一时代文人的精神世界。明人朱权曾把杂剧分为十二种（见《太和正音谱》），近代学者则主要把它分为爱情婚姻剧、社会剧、历史剧、公案剧、神仙道化剧等几大种类。

　　元杂剧一般以大德年间（1297—1307年）为界，分为前后两期。前期

是元杂剧的高度繁盛时期，作家、作品的数量相当可观。当时演剧活动最集中的城市是京城大都，此外在真定、汴梁、平阳、东平等经济繁荣的城市以及这些城市周围的乡村地区演出也十分活跃。关汉卿、王实甫、马致远、白朴等是元杂剧前期最重要的作家。后期杂剧作家大都集中于东南沿海城市。南北统一以后，东南沿海城市经济发展迅速，北方城市的地位明显降低，所以引起北方杂剧作家纷纷南下。在作家阵容、作品数量方面，后期明显不如前期，但有些作品的思想与艺术具有时代与地域的特色，如秦简夫的《东堂老》就是一例。其他重要作家有郑光祖、乔吉等。

（四）元杂剧的形式

1.四折一楔子的结构形式

元杂剧结均比较紧凑，一般分四大段落，称四折，个别也有五折。"折"相当于现在的所谓幕，一折又可以分几场，是按演员的上下场，出现空场为准。因折之

外还需要交待一些情节，就加一个楔子。楔子一般放在第一折的前面，作为剧情的开端。也有放在折与折之间的，类似过场戏。也有前面和中间加两个楔子的。四折一楔子的结构形式，划分的依剧是：①折是音乐单元，每折唱一个宫调里的一些曲牌，组成一套，因折共有四套曲子，每套曲子里，唱词只用一个韵脚，不换韵，曲牌的次序排列也有一定的规矩。②"折"除了音乐的含义外，它还是戏曲矛盾冲突发展的自然段落。一个戏的矛盾冲突总是包含开端、发展、高潮、结局四个段落。因此第一折往往是戏剧的开端，第二折是矛盾的发展，第三折是高潮，第四折是矛盾的解决。

2.旦本与末本表演体制

元杂剧的角色大致可分为旦、末、净、杂四类。旦是女主角，也叫正旦，此外还有副旦、外旦等。末是男主角，相当于京剧里的生，也称正末，末还有副末、小末等。净扮演刚强、凶恶或滑稽的人物，有男有女。元杂剧中丑也包括在净中，不像后来的京剧，丑另作一类。杂包括孤（官员）、细酸（书生、穷秀才）等。元杂剧四折由一个演员唱到底。女主角主唱的本子为旦本戏，男主角主唱的本子为末本戏。这种一人主唱体制的优点，从编剧角度来说，它利于塑造主要人物形象，但也有明显的局限性。一个人主唱太累，其他人没事干，苦乐不均。同时也影响其他人物内心世界的揭示，不利于突出主题。元杂剧后期也有突破旦

本、末本框框的。

3.杂剧剧本内容的三个组成部分

一是曲词。它是元曲的主体，主要作用是抒情，也可以起渲染场景、贯穿情节的作用。二是宾白，宾白就是说白。元杂剧以唱为主，以说为辅，所以把道白叫宾白。宾白有散语，也有韵语，韵语可以是诗词，也可以是顺口溜。宾白又分对白、独白、旁白、带白。宾白主要作用是交待剧本的故事情节。所谓曲词抒情，宾白叙事。同时次要角色利用宾白还可以插科打浑，即以逗笑调解气氛，或对反面人物进行讽刺。三是科范，科范是规定演员主要动作表情及舞台效果的。此外，元杂剧的道具，称为"砌末"。剧本结尾有题目正名，它是概括全剧的联语，最末

一联是剧本的全称。

（五）元杂剧的艺术成就

元杂剧的艺术特色，概括说来，有以下几点：

第一，元杂剧在艺术上首以真实与自然取胜。戏剧面对的是观众，要使观众相信看到的艺术虚构是真实的，就要以真情实感来打动读者或观众。所以王国维在《宋元戏曲考》中称元曲是中国文学史上最自然的文学。

第二，元杂剧是诗化了的戏剧。元杂剧是歌舞相结合的戏曲，又是诗剧。元杂剧吸收了我国传统诗歌的表现手法，将叙事、写景、抒情结合在一

起。这就是借助唱词——抒情诗，来构成意境，由此作用于观众的想象，展开剧情的矛盾冲突。元杂剧并不像西方的古典戏剧，恪守"三一律"。关于时间、空间的处理，杂剧的作者与表演者都是通过剧情的发展，利用抒情唱词，形成意境后，让观众去想象。元杂剧的舞台一般不设置逼真的布景（仅用少量道具，如桌椅等），戏剧中的事件背景，尽可能通过唱词与演员的表演来体现。演员结合剧情的发展，灵活地运用表演程式，再现剧中的意境，从而使观众有身临其境之感。可以说元杂剧的真、神、美，是通过唱词的诗一般的意境来体现的。

第三，语言的通俗与口语化。元杂剧的用语很通俗，这种"通俗"，又不完全用的是自然状态的口语，而是经过提炼

的文学语言，形成了雅俗共赏的语言。这种戏曲语言的特点就是介于"文与不文"之间。这种语言朴素自然，又具有生活气息，使人感受到一种独特的美学趣味。元杂剧的这种特色，是中国文学史上所独见的。

总之，元人杂剧的兴盛繁荣是我国戏曲史上的黄金时代，后期杂剧南移，暴露了它的不少缺欠，如内容上战斗性的减弱、平庸、雷同，以及封建说教和神仙道化一类的东西日益充斥。艺术上的模拟前人，或追求词句华丽而渐失通俗、本色。但它的许多长处为南戏所吸收。因此，它的历史作用永远不会消失。元杂剧永远是我国古代文学园地里一枝鲜艳馥郁的奇葩。

四、关汉卿的社会剧

关汉卿一生创作了六十余种杂剧，保存至今的有十八种。按题材内容，大致可分为三类：社会剧、爱情剧和历史剧。

关汉卿兼医生和作家于一身。我们说他在为人治病的同时，又在为社会作诊断、开药方，作为一名医生和戏剧家，关汉卿的社交活动相当广泛。上至达官贵人，下到文人墨客、烟花粉黛、泼皮无赖、三教九流，无不涉及。广泛的社交丰

富了关汉卿的人生，使他了解人民生活，更加体恤人民疾苦。他写出大量反映现实生活的戏剧。大约在元末，关汉卿就成为一名全国知名的戏剧作家。

关汉卿具有一位谏官的自觉的责任感，他以希望对朝廷社会有所补益的态度送上一系列剧本。剧本送上去之后，很快就被广泛地传唱开来。演员喜欢演他的戏，观众乐意看他的戏，他在相当长的一个历史时期内，几乎垄断了金元两代宫廷剧本创作。宫廷的需要对关汉卿的创作有着重要的影响，通过献剧，他能了解一些上层社会的内幕，同时又受到一些统治者的赏识和保护。这在客观上刺激了剧本的编写，开阔了他的视野，使得他能把人民的心声通过剧本的形式上传下达，流传四方。

（一）关汉卿的社会剧意义

揭露社会黑暗，歌颂人民反抗斗争精神的这一类就是社会剧，有《窦娥冤》《鲁斋郎》《蝴蝶梦》等。

关汉卿的社会剧大都比较深入地揭露了当时社会最尖锐的阶级矛盾。在《窦娥冤》中，张驴儿父子竟敢在光天化日下借故赖在蔡婆婆家不走，并要挟欺侮她们，却无人伸张正义。在《鲁斋郎》中，鲁斋郎厚颜无耻地抢夺别人的妻子，这种无法无天的抢掠行径使两个原本和睦的家庭妻离子散，包拯在斩杀他时只能用"鱼齐即"的假名上报朝廷，因为

鲁斋郎是一个很有权势和背景的特权人物。在《蝴蝶梦》中，那个"打死人不偿命""只当房檐上揭片瓦相似"的恶霸葛彪，就是作者塑造的一个官位不高但权势极大的"权豪势要"。葛彪在路上因王老汉冲撞了他的马头而打死王老汉，县令和包拯不敢审问他打死王老汉，只审问王家兄弟为报父仇而打死他。

作者让这些权豪势要都受到了应有的惩罚。《窦娥冤》中的张驴儿终于被钉上木驴剐一百二十刀处死。《鲁斋郎》中的鲁斋郎被包拯设计智斩。《蝴蝶梦》中的葛彪当场被王老汉的三个儿子打死。作者在使这些坏人受到惩罚的同时，也歌颂了处于无权地位的人民坚强不屈的反抗斗争。《窦娥冤》中的窦娥最具有代表性，她不但跟地痞无赖张驴儿父子斗，跟昏庸官府斗，跟懦弱的婆婆斗，还跟天地日月鬼神斗，表现了最勇敢最顽强的反抗精神。《蝴蝶梦》中的王母是一个在关键时刻敢于保护别人勇于自我牺牲的慈母，她宁可牺牲亲生儿子以保全前妻的两个遗孤，也要请求官府秉公执法，明确提出"使不着国戚皇亲、玉叶金枝，便是他龙孙帝子，打杀人要吃官司"。她具有很强的反抗精神，当判决由王三抵命时，她吩咐儿子即使到了阴间也要和他父亲齐心"把那杀人贼推下望乡台"，也表现了勇敢的反抗精神。

（二）《窦娥冤》的思想内容和艺术成就

《窦娥冤》的全名是《感天动地窦娥

冤》，是关汉卿最为杰出的作品，也是元杂剧中最著名的悲剧。《窦娥冤》写楚州山阳县蔡婆婆丈夫去世，跟8岁的儿子靠放高利贷生活。穷秀才窦天章借她20两银子还不起，就把女儿端云抵债给蔡婆婆做童养媳。端云3岁失母，7岁离父到蔡家后改名窦娥，15岁跟蔡婆婆的儿子成婚，17岁因为蔡婆婆的儿子害病死了而成了寡妇，与蔡婆婆相依为命。蔡婆婆出门向赛卢医讨债，赛卢医不想还债，还企图将蔡婆婆害死，被无所事事的无赖泼皮张驴儿父子救下。张氏父子借此逼迫蔡婆婆和窦娥嫁给他们，窦娥执意不从。张驴儿到赛卢医的药铺讨得毒药准备药死蔡婆婆，不料他父亲误食后，被毒死了。张驴儿趁机诬告窦娥毒杀"公公"。

　　窦娥面对刑讯拷打，坚强不屈。但蔡婆婆年老体弱不堪刑讯，为了救婆婆，窦娥被迫招认。太守桃杌判她死罪，下在大狱等待斩首。窦娥被绑赴法场，临刑前她发出三桩誓愿：血染白练、六月飞雪、亢旱三年。她死之后，前两桩誓愿立刻应验，后一桩誓愿也得到应验。窦天章受命肃政廉访使前来查访旱情，窦娥的鬼魂托梦给窦天章。窦天章终于查明案情，惩治了张驴儿、赛卢医，使冤狱昭雪。它的故事原型出自《汉书·于定国传》和《搜神记·东海孝妇》，作者直接把这个故事移

植到吏治腐败的现实社会之中，但摆脱了一般公案剧或清官戏的窠臼，包容了更丰厚的思想内涵，具有了更强烈的批判功能。此剧主要写封建社会中一个安分守己、纯洁善良的普通妇女的悲剧命运。通过窦娥这位无辜女子被封建礼教、泼皮无赖、贪官污吏戕害致死的悲惨一生，深刻地揭露了封建统治的黑暗腐朽和官吏的凶残与贪婪，热情地歌颂了被压迫者感天动地、勇敢不屈的抗争精神，广泛地反映了元代社会的复杂矛盾及真实面貌。

《窦娥冤》的艺术成就：

1.成功地塑造了窦娥这一典型的艺术形象。剧中的窦娥善良、正直、勇敢、坚贞，但命运很悲惨。她3岁就失去了母亲，跟父亲相依为命，7岁又因父亲上京赶考，抵债给蔡婆婆作童养媳，这是她悲惨命运的开始。15岁成婚后不到两年又死了丈夫，这使她原本就不济的命运更是雪上加霜。这种不幸的命运并没有把她击垮，她很善良，很怀念已死的丈夫，对出门讨债的婆婆也很牵挂，以至后来在赴刑场的路上还希望不走前街以避开婆婆怕她伤心，刑场上替婆婆着想才被屈打成招，这些都是她善良品质的反映。虽有时也不免有宿命的想法，使她"满腹闲愁"，像说"莫不是八字儿该载着一世愁""莫不是前世里烧香不到头"。这说明窦娥是一个安分守己、与世无争、忍让宽容甚至有点逆来顺受的弱女子。然而她的善良却不是软弱可欺。窦娥在危急关头很有主见，很刚强。她第一次上场唱的套曲，虽更多地表现她的善良，但已包含着一股刚强之气。她说：

"我将这婆侍养，我将这婆孝守，我言辞须应口。"这表明不论命运如何悲惨，她也将含辛茹苦、不屈不挠地活下去，其中就透出一股刚强坚韧之气。同时这些优秀品质还与一定程度的封建伦理道德观念糅和在一起，使之成为下层女子的典型代表。

这种性格随着情节的发展变化在她身上变得越来越强。当蔡婆婆把张驴儿父子带回家时，她听了蔡婆婆想嫁给张驴儿父亲的叙说，就讽刺说"怪不的女大不中留"，她跟婆婆有感情，她很孝顺婆婆，但她有自己做人的原则。张驴儿逼她成亲，她将张驴儿一把推倒在地上，坚决予以回绝。张驴儿父亲死后，他诬陷窦娥，逼她嫁给自己，她坚决不从。张驴儿威吓她去告官，她也不示弱。在公堂上，面对昏官的拷打，她坚贞不屈；在押赴法场上的途中，她依然很坚强地向天地、日月、鬼神发出一连串愤怒的诅咒和质问："有日月朝暮悬，有鬼神掌着生死权。天地也，只合把清浊分辨，可怎生糊突了盗跖、颜渊？为善的受贫穷命更短，造恶的享富贵又寿延，天地也！做得个怕硬欺软，却原来也这般顺水推船。地也，你不分好歹何为地？天也，你错勘贤愚枉做天！哎，只落得两泪涟涟！"写出了窦娥性格的流动性。窦娥从恪守妇道的平凡女子转变为敢于叱天责地、痛斥官府的反抗者，其性格是随着现实矛盾斗争的发展而

逐渐变化的，作者对这一转变过程进行了精心描述，既有连续性，又有阶段性，极富层次感。

2.作者采用现实主义与浪漫主义相结合的创作手法，营造出浓郁的悲剧氛围，收到了良好的艺术效果。《窦娥冤》深刻地揭示了窦娥悲剧产生的社会根源与必然性，反映了封建社会具有本质意义的重大问题，主题鲜明，具有深刻的现实主义精神；而窦娥在刑场上的三桩誓愿竟然一一应验，以及结尾的鬼魂诉冤与清官断案，显然是超现实的幻想性描写，反映了下层民众的美好愿望，带有强烈的浪漫主义色彩，同时

也深化了主题，使作品的悲剧气氛更加浓重。

3.剧本矛盾高度集中、情节紧凑、冲突迭起而又环环相扣。全剧以窦娥的悲剧命运为中心来组织戏剧矛盾，写了形形色色的矛盾冲突，但作者把构思布局的重点放在两条主线上：一条是窦娥与以张驴儿为代表的社会恶势力的冲突；另一条是窦娥与以桃杌为代表的封建官府的冲突，其中又以后者为主，其他的矛盾冲突都服从于主线的安排。这样就使得情节集中，结构谨严。在关目的安排上，作者也是匠心独具，剧情发展既层次分明，给人以移步换形的紧凑感，又高潮迭出，给人以变幻莫测的紧张感，这就使整个剧情显得跌宕起伏、摇曳多姿。

4.语言通俗平易、明快洗练,形成了独特的雅俗共赏的语言风格,表现了关汉卿杂剧语言艺术的共同特色。这段曲辞是关汉卿杂剧曲辞的精华。"有日月朝暮悬,有鬼神掌着生死权。天地也,只合把清浊分辨,可怎生糊突了盗跖、颜渊?为善的受贫穷更命短,造恶的享富贵又寿延,天地也、做得个怕硬欺软,却原来也这般顺水推船。地也,你不分好歹何为地?天也,你错勘贤愚枉做天!哎,只落

得两泪涟涟"。天地、日月和鬼神，代表着封建社会的根本秩序，但在窦娥面前，却显得那样清浊不辨、怕硬欺软。她认识到官府鬼神不仅不保护善良的人，反而还是黑暗势力的庇护神。她讽刺蔡婆婆，反抗张驴儿，在昏官桃杌面前抗争，质问天地、日月、鬼神，这使她的反抗性格发展到一个新的高度。这诅咒质问标志着窦娥自我意识的觉醒，标志着她对封建社会的根本秩序开始怀疑。能够从最黑暗、最野蛮的元代社会里发现人民大众中蕴藏着这种强烈的反抗情绪，正是关汉卿的伟大之处。这种反抗的声音愈是从弱者口中发出，愈显得强劲有力。窦娥临刑前的三桩誓愿和鬼魂

诉冤，是窦娥刚强性格的继续发展。她的反抗不因死亡而结束，"若果有一腔怨气喷如火，定要感的六出冰花滚似绵！"这既表明她不服从天地的主宰，对命运的奋起抗争，也表达了作者对人民力量的认识和对人民胜利前途的信心。窦娥即使做了鬼，她的愤怒仍然没有平息。"我每日哭啼啼守住望乡台，急煎煎把仇人等待"。她为了复仇，进而诅咒上下古今整个封建统治："呀，这的是衙门从古向南开，就中无个不冤哉！"这使窦娥的反抗精神进一步升华。窦娥的善良和刚强性格在正与邪、生与死的斗争中得到充分展示，善良是窦娥内心强大的精神力量，它支撑着窦娥以刚强的性格英勇反抗，至死不屈。这就是此剧之所以"感天动地"的魅力所在。

　　《窦娥冤》悲剧产生的最初原因是
封建社会的经济制度高利贷，推动悲剧
发展的是元代野蛮而又混乱的社会秩
序，决定这个悲剧结局的则是元代腐败、
黑暗的吏治。关汉卿通过这个典型悲剧，
批判了整个元代社会。

五、关汉卿的爱情剧

关汉卿创作的第二类杂剧是反映妇女悲惨命运并大力颂扬女性在抗争中的智慧和胆略的爱情风月剧，有《救风尘》《望江亭》《谢天香》等。

据史料，关汉卿是个重感情的人。他的妻子死得较早，他写小令追忆说"糟糠之痛亿泪盈眸"，情深感人。他也是个感情丰富的人。他曾到过开封、洛阳等许多地方。关汉卿在杭州的活动，除了游历大

好河山、无边风月外，还和江南戏剧界的演员、作家以及出版人都进行了广泛接触。他在这里认识了一位名唤作珠帘秀的名演员，并特别地敬重她。珠帘秀，排行第四，人称"朱四姐"，后辈尊称为"朱娘娘"。她是当时挂头牌的杂剧演员，既能演应工花旦，又能反串皇帝角色，都能深得其妙，艺术上造诣很深。这些名士都爱珠帘秀的容色和技艺，只有关汉卿才真正是爱她的艺德和品格。他在一首《赠珠帘秀》中，句句咏的是珠帘秀，但却借物咏人，声声唱的是珠帘秀其人的脾性面貌。这位重感情而有热爱女性的伟大作家，因为了解女性、同情她们，所以在创作上写出大量反映妇女命运和颂扬女性爱情风月剧。

与关汉卿的社会剧侧重对邪恶势力的揭露和批判不同，关汉卿的爱情婚姻剧着重表现他对普通人民的颂扬和尊崇。在关汉卿的杂剧中，描写爱情婚姻和妇女的作品占有相当的比重。现存的有：《救风尘》《望江亭》《拜月亭》《诈妮子》《金线池》《谢天香》等。关汉卿在这些作品中塑造了赵盼儿、谭记儿和王瑞兰等性格鲜明的妇女形象，反映了元代的社会习俗、婚姻制度和社会矛盾，对妇女，尤其是下层妇女在爱情婚姻上的不同遭遇，寄予深切的同情，并且把她们描写成有崇高灵魂的人物。关汉卿能够在一些地位低微的女子身上发掘出她们美丽、崇高的思想品德，这正是他的进步思想的表现。在这些作品里，关汉卿往往采取对比的方法来刻画这些女子的理想性格：以这些女子作为正义和美好事物的体现者，在她们与邪恶势力的斗争中显示她们性格的光辉；不时地以她们所爱的男子的孱弱

和平庸来突出她们感情上的强烈与专注以及她们在危难面前惊人的勇气。按照这些作品情节和人物性格上的特点，可将它们分为三类加以分析。《救风尘》和《望江亭》为一类，《拜月亭》和《诈妮子》为一类，《谢天香》和《金线池》等又为一类。

关汉卿的杂剧塑造的一系列正面形象，以生活在社会底层的妇女最为突出。他最关注妇女问题，现存十八个杂剧以妇女为主或描写到妇女的杂剧就有十五种之多，占80%以上。关汉卿塑造的妇女形象，有妓女，像《救风尘》中的赵盼儿和宋引章、《金线池》中的杜蕊娘、《谢天香》中的谢天香；有丫环，像《调风月》中的燕燕；有童养媳，像《窦娥冤》中窦娥；有寡妇，像《望江亭》中的谭记儿、《窦娥冤》中的蔡婆婆、《五侯宴》中的王嫂、

《哭存孝》中的邓夫人；有大家闺秀，像《拜月亭》中的王瑞兰、《玉镜台》中的刘倩英、《绯衣梦》中的王闰香；还有母亲，像《陈母教子》中的陈母、《蝴蝶梦》中的王母。尽管她们的社会角色不同，但大多数都处于被压迫、被欺凌的低贱地位，命运都很悲惨。关汉卿不仅描写了她们受压迫、受欺凌的不幸命运，还着重表现了她们身上所具有的机智、勇敢、坚强和善良的优秀品质。关汉卿很少描写温柔

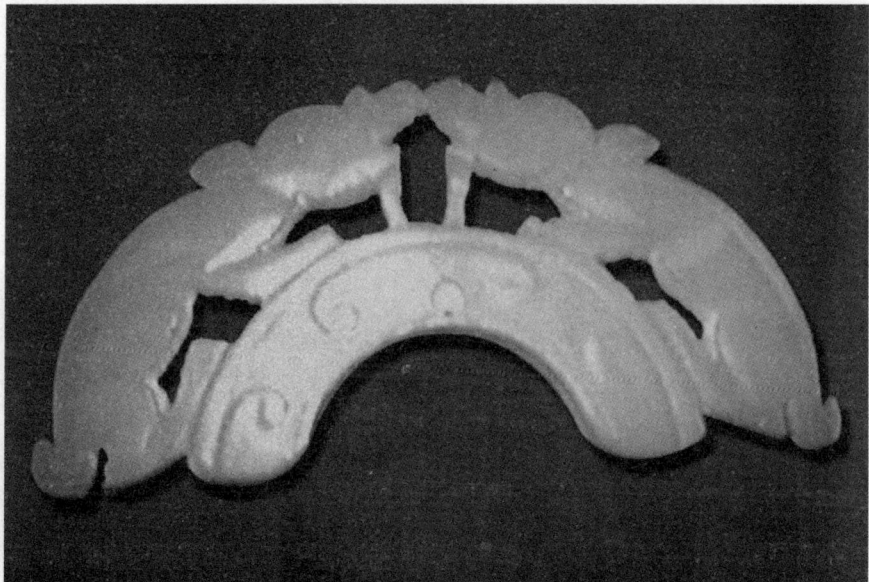

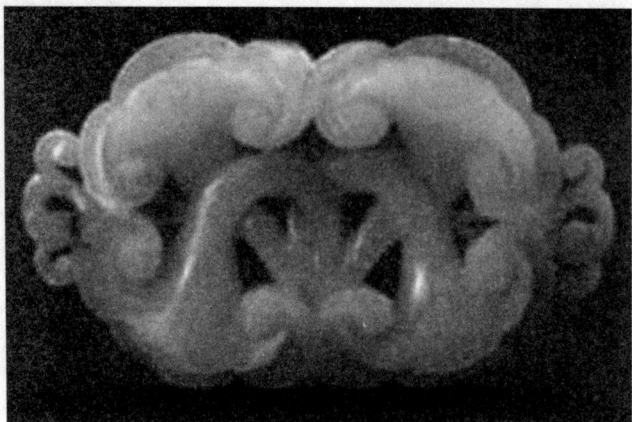

敦厚、缠绵悱恻的淑女，也很少描写忍让软弱、逆来顺受的少妇，他更愿意把那些坚毅倔强、敢爱敢恨、敢作敢为，能忍辱负重、甚至略带几分粗野泼辣、身上禀赋正气的女性作为剧作的正面人物。每当社会上的权豪邪恶势力把他们的黑手伸向这些富于反抗精神的妇女时，她们就会勇敢地起来反抗，坚决地同他们作斗争。

（一）《救风尘》和《望江亭》

《救风尘》写妓女赵盼儿为搭救错嫁给商人周舍的姐妹宋引章，利用周舍好色的特点，与其周旋，骗得休书，使女伴脱离虎口。《望江亭》写年轻的寡妇谭记儿再嫁白士中，与企图娶她为妾，并图谋杀害白士中的杨衙内当面较量，盗得势剑金牌，挫败了杨衙内的阴谋。这两个剧中主要人物的身份和故事的主要情节都不同。一个是熟谙世事的妓女，为搭救女伴巧施计谋，表现了侠义心肠；一个是曾饱经风霜的寡妇，为保护自己的幸福，制伏了权豪恶霸。但是，这两个剧又有共同特点，不仅人物性格都是在与恶势力的斗争中得到展现，而且，两人的性格又有某些相似的特征。她们老练而有见识，对世事、人情冷暖都有清醒的认识。赵盼儿深知"婚姻事非同容易"，当宋引章被周舍的表面举止迷惑时，她就指出周舍是"影儿里会虚脾"的花街子弟，预言"但婆到他家里，多无半载周年相弃掷"，恳切地劝戒宋引章不要错嫁他。谭记儿的见识，则表

现在对自己的婚姻的决定上。她嫁与白士中，虽然带有被臼姑姑竭力撺掇的成分，但她慎重的观察和思考还是起着决定作用的。这两个人物，又都具有机智、勇敢、聪慧、泼辣的特点，她们都毫不畏惧地敢于和强大对手交锋，还能根据对手的特点想方设法，使之失败。权豪势要霸人妻女以及妓女从良出现坎坷，在元代现实中是常见的现象，也普遍地造成一个又一个悲剧，关汉卿这两个剧本都写赤手空拳的弱女子，靠智慧战胜恶势力，侧重于表现正义一方在道德上、精神上对邪恶一方的嘲弄、讥讽和批判。

（二）《拜月亭》和《诈妮子》

《拜月亭》写王尚书之女王瑞兰在战乱中，邂逅书生蒋世隆，二人在患难中结为夫妇。三个月后，被父亲强行拆散。后来蒋世隆考中状元，又被王尚书招为女婿，得以团圆。《诈妮子》写倔强高傲的婢女燕燕委身于答应娶她作"小夫人"的小千户之后，小千户又向另一个小姐莺莺求婚，并要燕燕为他说媒，燕燕在懊恼愤恨之余大闹婚礼。最后，主人让她做了二夫人。这几个剧都是表现女子的婚姻追求及坎坷遭遇，她们为了自己的幸福都作了尽可能的斗争，希望能掌握自己的命运。

这两个剧的剧情是通过波折来揭示这些女子的痴情。王瑞兰虽被父亲"横拖倒拽出招商舍"，但却拆不断她的眷恋深情，日夜思念，深夜烧香祈祷，盼望着早得团圆。婢女燕燕对小千户也很痴情，唯其爱得深，恨之愈切，在小千户变心以后，她的感情和心理才呈现了复杂

而又激烈的矛盾状态，她气愤地咒骂小千户"早寿天都是辜恩负德贼"。但在怨恨中，又表现了难以割舍的苦情；她奉命去为小千户做媒时，还抱着婚事不成的希望，使小千户回心转意；当那位莺莺小姐同意婚事后，她又咒骂她，最后发展到大闹婚礼。这些层次分明而又深入细微的心理刻画，将燕燕的痴情表现得充分而又生动。

（三）《谢天香》和《金线池》

《谢天香》和《金线池》都是写妓女从良的故事。《谢天香》写妓女谢天香钟情于书生柳永，柳永在进京应试时，要府尹钱可照顾谢天香。钱可为使谢天香脱离乐籍，故意仗势娶她为妾，实际把她禁锢家中。三年后柳永得中，钱可向他们说明真相，柳永与谢天香团圆。《金线池》写杜蕊娘与韩辅臣相爱，由于母亲的挑拨，杜蕊娘误以为韩辅臣另有新欢，赌气不理韩辅臣。最后，府尹出面强迫二人和好如初。这两个剧的主角都是"上厅行首"，她们在追求婚姻幸福的过程中都遇到波折，也有来自外力的干预。但外力的阻挠破坏都没有被强调到最主要的地位。这两个剧中波折的产生都与女主角的心理矛盾有更密切的关系。歌伎的身份和地位是低下的，谢天香把自己比喻为笼中鹦哥，杜蕊娘自叹："我想这一百二十行，门门却是求衣饭，偏俺这一门都是谁人制下的，忒低微也

呵！"她们志高，然而命薄，她们为自己的志气而自尊，又为自己的身份而自卑。因此，她们在婚姻上小心谨慎，不肯轻信他人，甚至产生多疑的心理。杜蕊娘一方面深知在世人眼里"则俺这不义之门""恶劣乖毒狠"，但当她误以为韩辅臣另结新欢时，却又觉得受了极大的伤害，以至当她日夜想念的韩辅臣前来赔礼时，她越发气恼，怎么也不肯和好。这种自卑和自尊，总是交织在她身上，这也是一种真实的性格，实际上也反映了这一人物由于处在屈辱的社会地位所造成的无力掌握自己命运的不幸。

关汉卿的描写爱情、婚姻问题和妇女的杂剧揭示了造成受压迫女子坎坷命运的广泛的社会原因：谭记儿受到权豪势要的迫害；王瑞兰几乎成为父亲所坚持的门第观念封建信条的牺牲品；杜蕊娘的母亲把女儿当摇钱树，践踏着女儿的感情和尊严；燕燕之所以受到伤害，直接根源于她的"半良半贱身躯"——奴隶的社会地位。显然，从这些作品所组成的总的画面看，她们的不幸是门第观念、娼妓、奴婢制度、特权阶层的力量等社会因素造成的。这些女子遭受种种痛苦和折磨，并不是由于某些偶然因素所致。关汉卿不仅猛烈抨击了当时社会的黑暗腐朽，同时也对处于封建礼教压迫下的妇女给予最忠实的同情。他热情地赞扬了敢于反抗敢于斗争的女性，主张无情地惩罚欺压她们的邪恶势力。

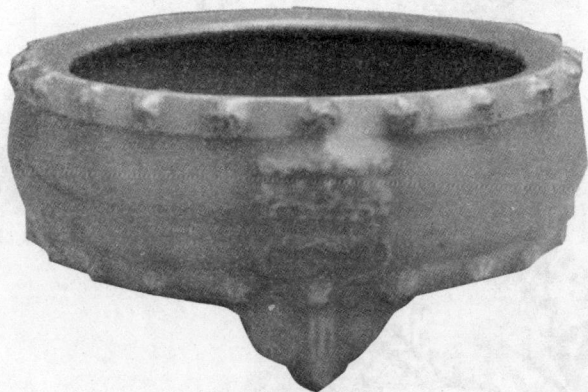

六、关汉卿的历史剧

关汉卿一生创作了六十余种杂剧，保存至今的有十八种。采用历史题材，借以表达作者对现实社会认知的历史剧，有《单刀会》《西蜀梦》等。

（一）关汉卿历史剧的思想内容

关汉卿的历史剧包括《单刀会》《双赴梦》《哭存孝》和《单鞭夺槊》等。这些作品，通过对历史上英雄人物的歌颂，在表现拯物济世愿望的同时，折射出一种悲凉情绪。与关汉卿的社会剧、爱情剧多少显得不同，他的历史剧在反映客观世界时，更加高扬着作家的主体意识。关汉卿是一个有着崇高品质的人。他以三国时蜀汉名将关云长作为自己的祖先和学习的榜样，他在杂剧《单刀会》中精心刻画了这位先祖临危不惧、有勇有谋的崇高形象，尽情抒发了关云长的热血精神。关汉卿把自己的感情、胸襟气派都同先辈的热血精神紧密地联系在一起了。据

说：有一次，关汉卿同妻子发生了矛盾，妻子只说了一句："您哪里还像关王大丈夫的样子啊？"关汉卿马上不说话了。可见关羽形象对他影响之深。

关汉卿的历史剧呈现的主体意识，并不表现

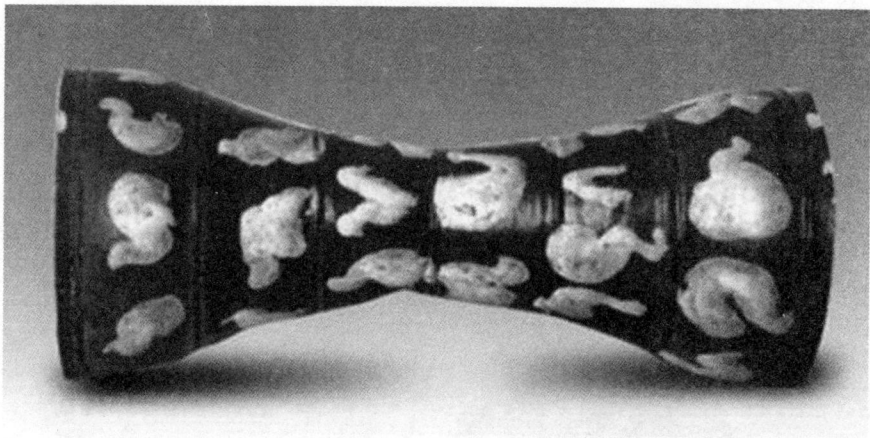

或者主要并不表现为不看重对史料的依附，在这点上他或许只是继承着由宋代说话人开始的三分"真"七分"假"的创作传统，也就是可以随意"捏合"历史的传统。例如关羽单刀赴会的事迹，在《三国志》和《三分事略》平话中都有记载和描写。《三国志》的鲁肃传中，记载了鲁肃为索取荆州，与关羽相会，并大义凛然地谴责刘备贪而弃义。而《三分事略》的作者则以"尊刘"的观点，渲染了关羽的英武和震慑力量，鲁肃反而变得理屈词穷了。《单刀会》汲取了平话的尊刘立场，在结构具体情节时，却又融入了作者对历史和人生的看法，甚至把它们强赋予历史人物，而这才是关汉卿主体意识的最重要的表露。

（二）《单刀会》的鉴赏

《单刀会》是关汉卿历史剧的代表作，在中国戏曲史上也享有盛名。它是一本正剧。写东吴鲁肃为了索还荆州，定下计谋，邀关羽过江赴宴，筵间索讨；倘若不还，则扣下战船，不放关羽回还；若再不给，则暗藏甲士于壁衣之内，以摔金盏为号，擒住关羽，趁机攻下荆州。而关羽仅凭一把大刀，出现在"不是待客筵席，则是个杀人的战场"的宴会上，他拒绝交出荆州，喝退伏兵，挟持鲁肃，安然回到江边。临行前留给鲁肃的话是："说与你两件事先生记着：百忙里趁不了老兄心，急且里倒不了俺汉家节。"既表现出对鲁肃的嘲弄，又流露出高昂的民族自豪感。作者不但把关羽当做一个历史英雄，更主要的是当做一个民族英雄来歌颂，突出地渲染了汉民族的磅礴正气和大无畏的英雄气概。作者为了达到突出关羽的目的，没有按元杂剧末本戏的惯例安排人物出场，而是在第一、二折让乔公和司马徽主唱，通过乔公、司马徽对关羽和蜀汉英雄的夸耀作为铺垫，第三折才让关羽出场，这一别出心裁的构思和先声夺人的写法，把英雄形象烘托得更为高大，使他那维护汉家事业的决心和勇气更加突出、感人。这样写一方面体现了作者对这位远祖的无限敬仰，另一方

面也是为了鼓舞人们向民族压迫、民族歧视进行勇敢的斗争。

《单刀会》对关羽的英雄气概和英雄业绩进行了歌颂，剧中写他单刀赴会，慷慨陈词"俺汉高皇图王霸业，汉光武秉正除邪；汉献帝将董卓诛，汉皇叔把温侯灭；俺哥哥合情受汉家基业，则你这东吴的孙权，和俺刘家却是甚枝叶"。凭着这种以刘姓为正统的理由和他勇武的气概，斥退鲁肃，保住荆州。对关羽的不凡仪表、超人豪气和盖世业绩，作者作了多侧面的渲染，无论是乔公的介绍、司马徽

的叙述还是关羽的自言，都营造了这位英
雄不可战胜的氛围。

（三）《哭存孝》的鉴赏

关汉卿的另一个历史剧《哭存孝》
描写了五代时的一位英雄——李存孝的
悲剧。写五代后唐李克用听信谗言，用车
裂英雄李存孝，其妻邓夫人痛哭申诉，终
得伸冤报仇的故事。作者赞颂了李存孝
忠心耿耿和披肝沥胆的荩臣精神，又追
究了造成李存孝悲剧的社会原因，对奸

佞诬陷和暗算忠臣的卑劣行径进行了批判。关汉卿在此剧中所抒发的愤懑，显然也包含了对豺狼当道、宵小弄权的元代现实的不满。

元杂剧中写李克用、李存孝父子故事的作品甚多，涉及李存孝的大抵是敷衍他的英雄业绩，《哭存孝》却写了李存孝被车裂而死的悲惨下场。无论是《旧五代史·义儿传》还是《五代史平话》，都记叙李存孝之所以被诛杀，是因为他反叛李克用。《哭存孝》隐去李存孝反叛情节，将他写成始终对李克用忠心耿耿，却遭到冷遇，终被小人构陷，含冤而死。从作家对历史故事情节的取舍和展开，可以发现关汉卿对历史上英雄人物陷于悲剧命运的一种认识，这里除了许多杂剧作品中所共有的"太平不用旧将军"的批评观念外，也掺杂着若干悲凉意绪。剧中李存孝妻子唱词中出现的"半纸功名百战身，转头高冢卧麒麟"，就是与《单刀会》

中的悲凉意绪相似和相通的。

关汉卿历史剧中描写的英雄人物——关羽、张飞、李存孝和尉迟恭，都是宋以来俗文学中赞美的人物。这种赞美在不同的程度上传递了民间欢迎这些传奇式的英雄人物的信息，或者说是传递了一种民间百姓的心理和情绪。特别是在战乱动荡、四方不宁的时代，希望有英雄出现抗御外敌、整顿乾坤，更是人之常情。而关汉卿的这些剧作表现的悲凉情

绪则是历史人物经过作家心灵化后折射出来的，无疑是一种开掘。

就关汉卿现存十八种杂剧来看，不论是历史剧还是妇女婚恋剧，作者的善恶、是非、爱憎观念都非常分明。他抨击现实中的邪恶势力，揭露社会黑暗现象，同情广大底层妇女，讴歌勇敢的抗争行为，描写历史上的战争风云，颂扬威武勇猛的英雄人物，倡导高尚的伦理道德，推崇执著的精神意志，拥戴贤明的仁义君主，赞扬公正的清官能吏，所有这些都说明关汉卿既是一位关注现实社会的作家，又是一位具有强烈时代意识的作家，同时还是一位充满激情的理想主义作家。

胜利，对于当时同处于封建社会最底层的人民起而抗争，无疑具有鼓舞作用。其中，作者的倾向性显而易见。赵盼儿这种斗争精神，可以说是关汉卿笔下女性人物的共同特征，虽然反抗的方式不一，反抗的程度不同，但在关汉卿所创作出的女性人物形象中都有不同程度的反映。

3.《望江亭》中的谭记儿

《望江亭》塑造了一个敢于斗争敢于反抗恶势力，为了自己美满幸福的婚姻而赴汤蹈火的女性形象。谭记儿是在谭州做官的白士中的夫人。她聪明、美丽，为此被权豪势要杨衙内看上，杨衙内奏知皇帝，说白士中贪花恋酒，不理公事，骗取了皇帝的金牌势剑，欲取白士中的首级，趁机霸占谭记儿。白士中听到此消息，一筹莫展，而做为弱女子的谭记儿却订下计策来解救丈夫。在一个中秋之夜，杨衙内在去谭州的途中同亲随侍候饮酒。忽然来了一个卖鱼的女子张二嫂，给他献上一尾金鲤鱼，并要亲自为衙内切脍。杨见此女子美丽异常，色

心大动，和她一起饮起酒来。酒酣耳热之中许她要娶她做第二个夫人。酒席之间张二嫂和杨一起对对子、填词，更讨得了衙内的欢心，趁着他们酒醉之中，张借口要用杨的势剑，又要了金牌说去打戒指，连文书都骗到手，趁着他们都睡着时，悄悄地乘船走了。杨一行来到谭州捉白士中，可他拿不出势剑金牌，无奈，杨只好向白求和说："如今你的罪过我也饶了你，你也饶了我吧！又一件，只说你有个好夫人，请出来见一面。"等他见到夫人时才恍然大悟，那卖鱼的张二嫂就是谭记儿乔装改扮的。此时皇帝也知杨奏不实，派人到谭州撤了杨的职，白士中，谭记儿夫妇得到了解救。

4.《调风月》中的燕燕

燕燕是金朝时期洛阳一个贵族家的婢女，不仅聪明伶俐而且性格泼辣。像每个充满追求的年轻姑娘一样，燕燕对自己的未来满怀憧憬。她不甘于自己婢女的处境，但又不愿马马虎虎的嫁人，生怕被坏男人骗了。这一天主人家来了个客人小千户。燕燕奉夫人之命去服侍他。小千户对燕燕可谓一见钟情，而一向"冰清玉洁难侵犯"的燕燕也一下子就爱上了他。燕燕把小千户看成是自己理想中的"好郎君"，嫁给他以后自己也将从此摆脱奴隶的命运。谁知这个道貌岸然的公子哥又爱上了贵族小姐莺莺，燕燕发觉上当受骗后既恨且悔，百感交集。拜堂的大喜日子，淤积在燕燕胸中的怒火终于爆发出来。宾客满座，燕燕公然指着小千户和新娘，把两个新人痛骂一顿，与此同时还将小千户如何欺骗自己的丑恶嘴脸公之于众。而遗憾的是关汉卿最终鉴于当时的社会背景及制度，不忍将燕燕推下泥沼，只得委屈让燕燕迫于主人的压力嫁给小千户

为妾。

从人物性格的发展来看，燕燕完全可能在喜堂上大打出手，但后果不堪设想，在当时的社会，被奴役的人们最终也逃脱不了下地狱的命运，这对于当时的文人是个深刻而又令他们无可奈何的主题。而我们在读这部作品时，剧本的语言生动贴切，对人物的塑造也很成功。关汉卿把燕燕这个婢女放在最令她狼狈的位置，在激烈的冲突中来加以刻画，自己不愿做的事却因为自己婢女的身份无法拒绝，正是利用这种尴尬的境遇，关汉卿把一个既泼辣又软弱的女性形象写得有血有肉，通过作者对人性的体察与了解，写出了燕燕在低贱地位时的无奈、不甘与渴望改变的心情。由此那个不甘为奴的鲜明的女性形象跃然纸上。

关汉卿笔下的女性，都非常

美丽动人，既有女性的温柔，又有刚毅的意志，而且聪明机智，沉着干练。她们敢于和恶势力斗争，对爱情真挚专一，而且往往行动大胆，扮演主动角色，为了争取婚姻幸福，她们可以做出惊天动地的斗争。可以说关汉卿的爱情剧中的女性形象个个光彩照人。关汉卿对于女性问题的关注，不是单纯地悲悯她们的不幸遭遇，而是重视她们的觉醒和觉醒之后的斗争，并对她们进行充分的肯定和热情的歌颂。从不屈不挠的窦娥，到机智勇敢的赵盼儿，以至美丽机变的谭记儿，她们都不是作者虚构的幻影，而是生活在社会中实实在在的人。她们虽然处在社会的底层，处于被侮辱与被损害的境地，却敢于同压迫者进行不屈不挠的反抗，凭着生活中磨炼出来的机智、灵活的个性，最终取得斗争的胜利。

七、关汉卿杂剧的艺术成就

（一）在创作章法方面

1.在创作方法方面

关汉卿的杂剧以现实主义为主。关汉卿现存杂剧的题材既有以现实生活为主的，如《救风尘》《望江亭》《金线池》，对时代与人生进行了真实的描绘，对元代的生活图景进行了全面的展现；也有以历史人物或历史故事为主的，如

《单刀会》《西蜀梦》《玉镜台》《裴度还带》，也就是说，关汉卿现存的杂剧题材绝大多数是历史上已有的材料，但对于历史素材，作者进行高度概括和提炼，选取典型事件或具有感染力的场面、人物进行敷衍，有时还把不同朝代的事件、人物综合在同一作品中，假借非元代的背景描写元代的现实，对社会现实中一些带有本质意义的问题进行了深刻的揭示。他的杂剧忠实地记录了自己的时代，具有强烈的现实主义精神；或淡化模糊剧作的时空概念，遗形取神，去芜存真，从而达到为剧作主题服务的最终目的。不但如此，由于关汉卿对人生的热爱，对理想的憧憬，他的作品有时也赋予人物和情节以浪漫主义的色彩，突出了被压迫者的反抗意识和斗争精神，体现了

积极乐观的人生态度，闪烁着理想的光
辉。

2.在剧作结构方面

关汉卿的杂剧情节具有惊险性、曲
折性、偶然性以及在大情节中增加一个
小情节的特点。这样使剧作情节显得既
简洁又完整。关汉卿杂剧的结构基本上
是按剧作情节的发展变化
来安排的，剧情有发生、
发展、高潮和结尾四大部
分，结构相应的就由四个
环节组成，这种结构很紧
密，可以说是一种单线结
构，如《救风尘》。关汉卿
的杂剧结构大多缜密而精
巧，紧凑而多变，富于戏剧
性效果，具有引人入胜的
魅力。其作品大抵都能做
到结构完整，开阖自如，
首尾照应，开头不拖沓，

结尾不松懈；能根据生活发展的逻辑和主题的需要来安排故事情节，收到了突出主干、深化主题的效果；戏剧冲突一环紧扣一环，悬念迭出，剧情的发展往往既出人意料之外，又在情理之中。

3.在戏剧语言方面

关汉卿向以本色当行著称，他是元代杂剧作家中本色派的代表人物。所谓本色是指语言质朴自然、生动活泼，既具有浓厚的生活气息，又富有典雅的艺术韵味，"文而不文，俗而不俗"，毫无雕琢的痕迹。体现在他的杂剧语言的形象、浅显、生动，接近现实生活原貌，是从现实生活中而不是从书本上提炼出来的。所谓当行，是指善于运用语言来刻画人物，无论是曲词还是道白，皆符合人物的身份、地位，充分体现了人物语言的个性化。通过人物语言和行动语言等表现人物的情感和心理。正如王国维

《宋元戏曲考》中所说："关汉卿一空倚傍，自铸伟词，而其言曲尽人情，字字本色，故当为元人第一。"

（二）在人物塑造方面

关汉卿的杂剧创造了一大批栩栩如生、性格鲜明的人物形象，如写权豪势要的，有鲁斋郎、葛彪、杨衙内；写风尘妓女的，有赵盼儿、宋引章、杜蕊娘、谢天香；写威武英雄的，有关羽、张飞、尉迟恭、李存孝；写弱小寡妇的，有窦娥、谭记儿、王嫂；写清官廉吏的，有包拯、钱大尹；写贪官庸吏的，有桃杌；写书生的，有蒋世隆、韩辅臣、裴度；写小姐的，有王瑞兰，大大丰富了中国古代戏剧文学形象的画廊。关剧中活跃着众多风神独具的戏剧人物，其中最为光彩夺目的，是来自社会各

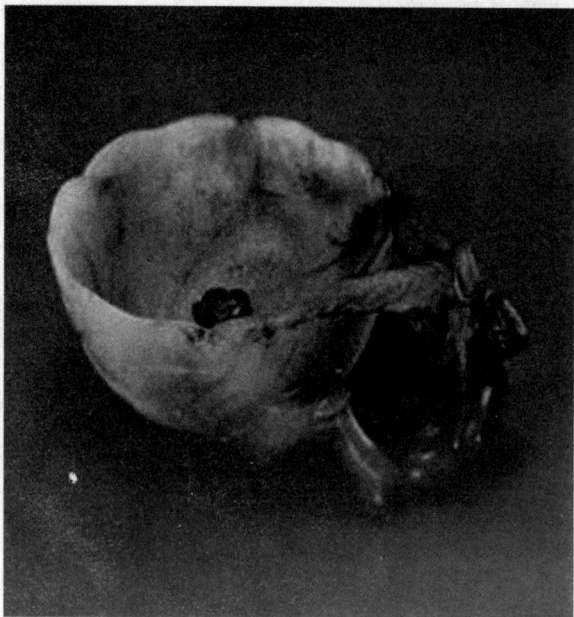

个阶层的女性形象。他的杂剧不但能写出不同阶级或阶层的人物的不同特点，而且能写出同一阶层人物的不同风貌，有时甚至写出了人物性格的丰富性和立体感。关剧塑造正面人物的基本手法是把戏剧主人公置于尖锐的矛盾冲突中，凸现其在典型环境中的典型性格；在塑造反面形象时，关汉卿常常运用夸张、变形的漫画式手法，暴露他们卑鄙无耻的丑恶嘴脸。

关汉卿一生写了六十多种杂剧，在现存的十八种杂剧中，大多数作品反映了妇女的悲惨遭遇，塑造了一个个栩栩如生的女性形象，如《窦娥冤》中的窦娥，《救风尘》中的赵盼儿，《望江亭》中的谭记儿等等。

1.《窦娥冤》中的窦娥

窦娥是大家所熟悉的悲剧人物形象。她深受封建压迫，是个苦难深重的妇女，在她的性格当中，既有善良温顺的一面，又有性情刚烈的一面。她7岁因为抵债被迫做了童养媳，成亲不久又死了丈夫。她对生活没有什么过高的要求，相信天命，遵守礼教，这就是封建社会被压迫妇女的典型性格，可以说此时的窦娥是以逆来顺受的态度来对待生活的。当张驴儿强占窦娥的阴谋不能得逞后，他便把窦娥推上公堂。张驴儿贿赂太守桃杌，在严刑拷打之下，打破了窦娥的幻想，残酷的现实使她觉醒，她的反抗精神和斗争性格也逐渐发

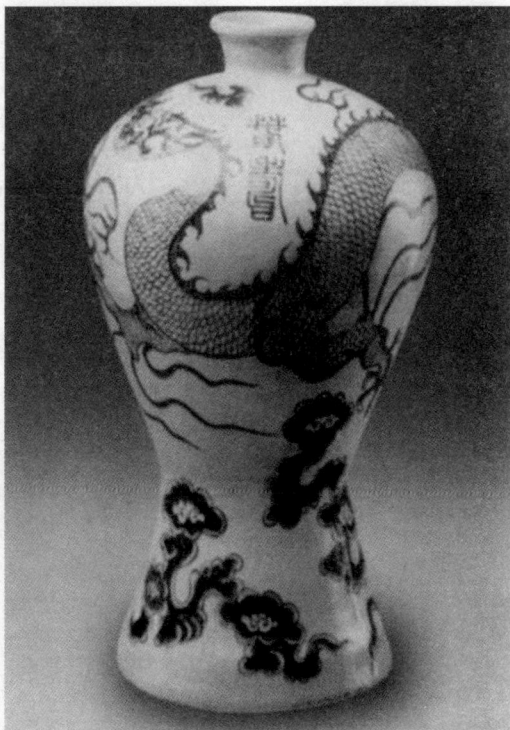

展起来。她不仅把矛头指向桃杌这样的贪官污吏:"这都是官吏每无心正法,使百姓有口难言。"而且,也把矛头指向了封建社会具有至高无上权威的天地。窦娥指天骂地,实际上是对黑暗的封建社会发出了强烈的控诉和抗议,是对封建统治秩序的批判与否定。喊出千千万万受压迫者的心声。窦娥临行前立下的三桩誓愿也是一种反抗的方式,在昏庸的官吏面前,她有口难言,只好借用这种方式来证明自己负屈含冤的无辜。她的冤屈不能为官吏所明,却能感天动地,三桩誓愿的实现,证明她的冤屈,也对黑暗的统治进行了强烈的抗议与挑战,表现了窦娥的强烈反抗性格。在第四折戏中,作者又安排窦娥的鬼魂出现,向窦天章诉说冤屈,窦娥活着不畏强暴,死后仍不放弃斗争,据

理力争,终于冤案得到平反昭雪,正义终于战胜了邪恶。在窦娥的身上,寄寓了人民的理想,闪耀着反抗的理想光辉,从而使这一女性形象至今光彩不灭,永昭人间。

2.《救风尘》中的赵盼儿

赵盼儿是一个机智、聪慧、具有侠肝义胆的女性形象,她用妓院中卖笑调情的手段去解救沦落于风尘之中的姐妹,凭着她的机智、勇敢取得了斗争的胜利。富家子弟周舍是风月场中的老手,他看上了汴梁城里的一个歌伎宋引章,用哄骗的手段将宋引章引入他的

圈套，准备娶她回家。不想，宋引章早已答应嫁给书生安秀实，安秀实无奈，只得向宋引章的结拜姐妹赵盼儿求救。此时的宋引章已被周舍的甜言蜜语和虚伪的奉承迷住了，执意要嫁给周舍，赵盼儿苦苦相劝无效。周舍把宋引章娶回郑州，一进门先打她五十杀威棒，以后更是朝打暮骂，几乎要把她折磨死。她只好捎信向赵盼儿求救。赵盼儿得信之后，没有因其不听劝说而耿耿于怀，而是认为姐妹之间的情义高于一切，打扮得漂漂亮亮，备好衣服行李赶往郑州去救宋引章。赵盼儿找到周舍，施出风月手段，讨得了周舍的欢心，迫使周舍休了宋引章。宋引章拿到周舍的休书找到赵盼儿，两人马上赶路回汴京。周舍找不到赵盼儿，才知道自己上当受骗了，一路追赶而去，夺回了休书，不过那是赵盼儿事先准备好的假休书。周舍恼羞成怒，拉着她们去告官，赵盼儿拿出周舍亲笔写的休书，最后郑州太守判周舍杖六十，宋引章仍归安秀实为妻。赵盼儿的形象在这场斗争中表现得非常突出，作为一个妓女，她非常明白自己的处境，长期的风尘生活，使她对那些衣冠子弟的内心和本性有着十分清醒的认识。她也曾想弃妓从良，但所有富家子弟都是虚情假意，逢场做戏，对此，她的认识比较深刻。所以当她听说宋要嫁周舍时，她曾鼎力相劝，当宋有困难向她求救时，她挺身而出。不顾个人的安危向周舍进行挑战。作为一个妓女，她无钱无势，她所拥有的只是美丽和机智。在她的周密计划之下，终于取得了斗争的胜利。在斗争中她始终占据主导地位，主动出击，节节胜利。

而有钱有势的富家子弟周舍只能钻入她的圈套，被她牵着鼻子走。卑贱的小人物通过斗争取得胜利，对于当时同处于封建社会最底层的人民起而抗争，无疑具有鼓舞作用。其中，作者的倾向性显而易见。赵盼儿这种斗争精神，可以说是关汉卿笔下女性人物的共同特征，虽然反抗的方式不一，反抗的程度不同，但在关汉卿所创造的女性人物形象中都有不同程度的反映。

3.《望江亭》中的谭记儿

《望江亭》塑造了一个敢于斗争敢于反抗恶势力，为了自己美满幸福的婚姻而赴汤蹈火的女性形象。谭记儿是在谭州做官的白士中的夫人。她聪明、美丽，为此被权豪势要杨衙内看上，杨衙内奏知皇帝，说白士中贪花恋酒，不理公事，骗取了皇帝的金牌势剑，欲取白士中的首级，趁机霸占谭记儿。白士中听到此消息，一筹莫展，而作为弱女子的谭记儿却订下计策来解救丈夫。在一个中秋之夜，杨衙内在去谭州的途中同亲随侍候饮酒。忽然来了一个卖鱼的女子张二嫂，给他献上一尾金鲤鱼，并要亲自为衙内切脍。杨见此女子美丽异常，色心大动，和她一起饮起酒来。酒酣耳热之中许她要娶她做第二个夫人。酒席之间张二嫂和杨一起对对子、填词，更讨得了衙内的欢心，趁着他们酒醉之中，张借口要用杨的势剑，又要了金牌说去打戒指，连文书都骗到手，趁着他们都睡着时，悄悄地乘船走了。杨一行来到谭州捉白士中，可他拿不出势剑金牌，无奈，杨只好向白求和说："如今你的罪过我也饶了你，你也饶了我吧！又一件，只说你有个好夫人，请出来见一面。"等他见到夫人时才恍然大悟，那卖鱼的张二嫂就是谭记儿乔装改扮的。此时皇帝也知杨奏不实，派人

到谭州撤了杨的职，白士中、谭记儿夫妇得到了解救。

4.《调风月》中的燕燕

燕燕是金朝时期洛阳一个贵族家的婢女，不仅聪明伶俐而且性格泼辣。像每个充满追求的年轻姑娘一样，燕燕对自己的未来满怀憧憬。她不甘于自己婢女的处境，但又不愿马马虎虎地嫁人，生怕被坏男人骗了。这一天主人家来了个客人小千户。燕燕奉夫人之命去服侍他。小千户对燕燕可谓一见钟情，而一向"冰清玉洁难侵犯"的燕燕也一下子就爱上了他。燕燕把小千户看成是自己理想中的"好郎君"，嫁给他以后自己也将从此摆脱奴隶的命运。谁知这个道貌岸然的公子哥又爱上了贵族小姐莺莺，燕燕发觉上当受

骗后既恨且悔，百感交集。拜堂的大喜日子，淤积在燕燕胸中的怒火终于爆发出来。宾客满座，燕燕公然指着小千户和新娘，把两个新人痛骂一顿，与此同时还将小千户如何欺骗自己的丑恶嘴脸公之于众。而遗憾的是关汉卿最终鉴于当时的社会背景及制度，不忍将燕燕推下泥沼，只得让燕燕迫于主人的压力嫁给小千户为妾。

　　从人物性格的发展来讲，燕燕完全可能在喜堂上大打出手，然而后果不堪设想，在当时的社会，被奴役的人们最终

也逃脱不了下地狱的命运，这对于当时的文人是个深刻而又令他们无可奈何的主题。而我们在读这部作品时，剧本的语言生动贴切，对人物的塑造也很成功。关汉卿把燕燕这个婢女放在最令她狼狈的位置，在激烈的冲突中来加以刻画，自己不愿做的事却因为自己婢女的身份无法拒绝，正是利用这种尴尬的境遇，关汉卿把一个既泼辣又软弱的女性形象写得有血有肉，通过作者对人性的体察与了解，写出了燕燕在低贱地位时的无奈、不甘与渴望改变的心情。由此那个不甘为奴的鲜明的女性形象跃然纸上。

吴汉卿笔下的女性，都非常美丽动人，既有女性的温柔，又有刚毅的意志，而且聪明机智，沉着干练。她们敢于和恶势力斗争，对爱情真挚专

一，而且往往行动大胆，扮演主动角色，为了争取婚姻幸福，她们可以做出惊天动地的斗争。可以说关汉卿的爱情剧中的女性形象个个光彩照人。关汉卿对于女性问题的关注，不是单纯地悲悯她们的不幸遭遇，而是重视她们的觉醒和觉醒之后的斗争，并对她们进行热情的肯定和歌颂。从不屈不挠的窦娥，到机智勇敢的赵盼儿，以至美丽机变的谭记儿，她们都不是作者虚构的幻影，而是生活在社会中实实在在的人。她们虽然处在社会的底层，处于被侮辱与被损害的地位，却敢于同压迫者进行不屈不挠的反抗斗争，凭着生活中磨炼出来的机智、灵活的个性，最终取得斗争的胜利。